Les plantes qui puent, qui pètent, qui piquent

Pour Juliette et Maryse, L.H.

À mes petits-enfants, A.P.

Dans la même collection :

Les insectes, d'ingénieux bâtisseurs, Anne Möller, 2006
Les graines, de grandes voyageuses, Anne Möller, 2006
Les chouettes, quelle famille !, Anne Möller, 2007

Des mêmes auteurs :

Le pin parasol, Actes Sud, 1995
Enquête sur l'arbre, IDF (Institut pour le Développement Forestier), 1996
La cuisine de Robin des bois, Actes sud junior, 2002
La cuisine de la reine des prés, Actes sud junior, 2004

Du même illustrateur :

Dans la collection Sauvegarde, chez Gulf Stream Éditeur :
Des poules
Des lapins
Des chats

www.gulfstream.fr
ISBN : 978-2-909421-88-9

Loi 49-956 du 16 juillet 1949 sur les publications destinées à la jeunesse

Dame nature

Textes de
Lionel Hignard et Alain Pontoppidan

Les plantes qui puent, qui pètent, qui piquent

Illustrations de Yann Le Bris

Gulf Stream Éditeur

Introduction

Les plantes ne bougent pas,
ne parlent pas et pourtant elles s'expriment.
Leur mode d'expression très particulier est incompréhensible pour nous.
Pourquoi certaines d'entre elles répandent une odeur effroyable,
d'autres griffent ou bien crachent sur les passants ?
Tous ces comportements bizarres ont un sens que ce livre va dévoiler.
Les vingt-sept plantes présentées ici ont été réunies en neuf familles
en fonction de leurs particularités :
celles qui saignent, celles qui puent, celles qui poissent, etc.

La plupart de ces plantes sont assez communes,
si bien que nous n'y prêtons pas attention.
Ce sont souvent des mauvaises herbes que nous avons tendance à piétiner ou arracher
parce qu'elles piquent, sentent mauvais, ou s'accrochent à nos vêtements.
Pourtant, ces discrètes compagnes, aux noms populaires imagés
presque oubliés aujourd'hui, ont nourri bien des légendes.
Après avoir lu ce livre, vous ne pourrez plus regarder de la même façon la ronce,
le pissenlit ou les chardons !

Sommaire

KÔA

Les plantes qui saignent et qui coulent

Certaines plantes saignent quand on les coupe. Bien sûr, ce n'est pas du vrai sang, mais une sorte de lait, appelé latex, qui coule de leurs blessures. Il existe un très grand nombre de plantes à latex. La plus connue est l'hévéa, un arbre des tropiques dont le lait sert à fabriquer le caoutchouc.

L'épurge

Une épurge est une grande plante toute raide, qui peut être aussi haute qu'un enfant de huit ans. Ses longues feuilles sont disposées autour de la tige comme des ailes de moulin. Quand on la coupe, il coule un latex blanc bleuté très irritant. Il vaut mieux ne pas se frotter les yeux après l'avoir touchée, ni la sucer, car le lait d'épurge pique et brûle la langue.

On l'appelle aussi...

Euphorbia lathyris, euphorbe épurge (en vieux français « espurger » signifie purifier), petite catapuce, triette, girousèle, trompe-tout, graine de trisse, herbe à la faux, le grand titimale des maréchaux.

◂ Pourquoi fait-elle ça ?

L'épurge fabrique du latex pour se défendre. Les animaux ne peuvent pas la brouter tant elle leur brûle la bouche. Jamais une seule limace ne grignote ses feuilles. L'épurge empoisonne aussi les insectes qui voudraient la dévorer. De plus, son terrible latex durcit en séchant, ce qui leur colle les mandibules et les empêche de mastiquer !

La terreur des taupes ! ▸

L'épurge est une des rares plantes sauvages à être la bienvenue dans les jardins. Les jardiniers l'ont baptisée « la plante taupicide », car ils sont persuadés que son amertume éloigne les taupes qui voudraient s'approcher de leurs chers légumes.

Le saviez-vous ?

De l'épurge pour les loups

Dans certaines régions, on prétendait que les loups mangeaient de l'épurge pour se défendre des piqûres de vipères. Ce n'est évidemment pas vrai : les pauvres loups en auraient été bien mal en point.

La grande éclaire

La grande éclaire est une plante au feuillage mou d'un vert presque gris, qui aime bien l'ombre. Elle pousse en touffes, adossées aux murs des maisons. Ses petites fleurs jaunes en forme de croix se transforment en de fines gousses appelées siliques. Sa tige velue est très fragile : elle saigne quand on la casse et laisse s'écouler un latex orange très toxique, à l'odeur désagréable. Vers la racine, le latex est presque rouge sang et devient encore plus foncé en séchant.

On l'appelle aussi...

Chelidonium majus, chélidoine, éclaire, herbe de l'hirondelle, herbe oculaire, felougne, sologne, coco jaune.

◀ Pourquoi fait-elle ça ?

La grande éclaire se défend contre les herbivores et les attaques d'insectes en se rendant immangeable grâce au latex qu'elle contient. Il y a dans ce latex une substance paralysante qui bloque la respiration et qui pourrait servir à faire un redoutable poison !

L'ennemie des verrues ▶

Autrefois, dans les campagnes, on utilisait ce latex pour faire disparaître les verrues. On cassait une tige de grande éclaire, puis on déposait quelques gouttes de son jus sur les verrues. Il fallait recommencer plusieurs fois par jour, pendant plusieurs semaines, pour qu'elles disparaissent complètement.

Le saviez-vous ?

Les yeux des hirondelles

On croyait jadis que l'hirondelle utilisait le suc de l'éclaire pour soigner les yeux de ses petits, quand ils n'arrivaient pas à les ouvrir. C'est à cause de cette croyance qu'on surnomme cette plante la grande éclaire : qui permettrait « d'éclairer », de rendre la vue !

Le pissenlit

Le pissenlit porte de longues feuilles dentelées. Il pousse en très grand nombre dans les prairies. Au printemps, au milieu du vert des prés, une multitude de fleurs jaunes éclosent puis donnent naissance à des plumets légers que le vent emporte. Le pissenlit est une plante à latex, dont le lait ne brûle pas la bouche. Il est juste un peu amer.

On l'appelle aussi...

Taraxacum officinalis, pisse-en-lit, dent de lion, florin d'or, tête de moine (parce qu'il est chauve quand il a perdu ses aigrettes), lait d'âne, laitue de chien, doudou, groin de porc, pistelon, fleurs des beaux garçons.

◄ Pourquoi fait-il ça ?

Le latex du pissenlit a pour effet de repousser les limaces et les escargots, qui se contentent de manger les vieilles feuilles un peu pourries du dessous. Par contre, les lapins, les vaches ou les chevaux en raffolent et le pissenlit s'en trouve plutôt bien car plus il est brouté, mieux il repousse !

Salade de pissenlits ►

Le pissenlit se mange en salade, surtout quand les feuilles sont jeunes et tendres. Il est délicieux avec de l'huile d'olive et des petits lardons grillés. Mais les enfants, eux, le trouvent souvent bien trop amer. Dommage, car le pissenlit est bon pour la santé, même s'il a tendance à donner envie de faire pipi (on peut l'écrire d'ailleurs « pisse-en-lit » !).

Le saviez-vous ?

Des pneus en pissenlit

Le latex du pissenlit devient extensible en durcissant. Il pourrait même servir à faire des élastiques, ou des balles de caoutchouc. En Russie, on a essayé de l'utiliser pour fabriquer du caoutchouc. Mais on a abandonné car les pissenlits étaient trop difficiles à récolter.

Les plantes qui puent

Beaucoup de plantes sentent plutôt bon ; elles diffusent un parfum agréable autour d'elles. Certaines ne sentent rien, ou presque, tandis que d'autres puent des pieds ou sentent la pisse de chat !

L'herbe aux chats

Pourvu qu'elle puisse se tenir au frais, la valériane accepte de pousser à peu près partout, du vulgaire fossé au sous-bois en passant par les prairies et les rocailles montagneuses. Avec des feuilles parfaitement symétriques à chaque étage et un bouquet de petites fleurs rosées coiffant harmonieusement le sommet de ses tiges, la plante n'a jusqu'ici rien de bien original. Mais que l'on s'aventure à déraciner cette élégante, et aussitôt une terrible odeur de pieds et d'urine de chat vous saisit. Cette odeur repoussante, dont on ne se débarrasse pas facilement, émane d'une petite racine grisâtre, aux formes tentaculaires, riche en substances odorantes de toutes sortes.

On l'appelle aussi...

Valeriana officinalis, valériane, herbe à la meurtrie, herbe au loup, guérit-tout.

◂ Pourquoi fait-elle ça ?

C'est une plante dont le parfum attire irrésistiblement les chats. Lorsqu'ils trouvent une racine déterrée, ils se roulent dedans pour s'imprégner fortement de son odeur. Cela leur donne un grand prestige auprès de leurs congénères. Cette attraction des chats pour la plante est due à la présence d'une huile particulière contenue dans la racine de la plante.

Pour dormir avec les chats ▸

L'infusion de racines d'herbe aux chats était utilisée au Moyen Âge comme somnifère, et c'est encore aujourd'hui l'un des meilleurs calmants naturels. La plante est aussi utilisée par les fumeurs qui veulent arrêter la cigarette. Elle calme le manque, et donne un goût exécrable au tabac.

Le saviez-vous ?

La bouillie des Indiens

Dans les situations difficiles, rien de tel qu'une potion à base d'herbe aux chats pour combattre le stress. Ainsi lorsqu'ils partaient en expédition, les Indiens du Mexique se préparaient des mixtures à base de valériane pour résister à la fatigue et aux privations de nourriture.

L'herbe à goudron

Par une chaude après-midi d'été, sur les chemins pierreux de garrigue, une terrible odeur de goudron jaillit soudain. Nous venons de piétiner l' herbe à goudron ! L' intrus ressemble à un grand trèfle à fleurs violacées. Son odeur tenace provient de ses feuilles gris-vert qui renferment de minuscules poches à parfum. Au moindre frottement, les poches éclatent et libèrent leur odeur de goudron.

On l'appelle aussi...

Psoralea bituminosa, psoralée bitumeuse, cabridoula, herbe aux escargots, dartrier.

Pourquoi fait-elle ça ?

Une plante qui se parfume au goudron, voilà un très bon moyen pour dégoûter ses ennemis. C'est qu'elle ne veut pas se faire manger, ni cueillir non plus, d'ailleurs ! Ses fleurs feraient pourtant de beaux bouquets !

Bonne pour les chèvres

Même si elles n'en raffolent pas particulièrement, les chèvres grignotent de temps en temps quelques feuilles d'herbe à goudron. Lorsque la plante est sèche, elle perd un peu son odeur, si bien que les animaux acceptent de la consommer.

Le saviez-vous ?

Nectar de goudron?

L'herbe à goudron est une plante à nectar. Oui, les abeilles viennent butiner ses fleurs violacées, sans se montrer gênées le moins du monde par son odeur désagréable.

L'herbe puante

Petit buisson bleu-vert émergeant des rocailles sèches, la rue signale sa présence par une odeur âcre et tenace. Ses fleurs, quatre gros pétales jaunes, s'épanouissent du printemps jusqu'à l'entrée de l'hiver. Elles se métamorphoseront en autant de petites capsules vertes posées sur leur collerette. Ce sont les feuilles qui sentent fort. Elles sont parsemées de petits points transparents, visibles à l'œil nu, qui contiennent une réserve de parfum violent prête à exploser aux narines au moindre contact.

On l'appelle aussi...

Ruta graveolens, rue, herbe de grâce, rue puante, herbe à cauchemar.

◂ Pourquoi fait-elle ça ?

Si la rue sent si fort et répand une odeur aussi désagréable, c'est pour se protéger. Être mangée par les limaces, ou dévorée par des moutons, non merci. Alors elle prévient : ne me touchez pas, sinon gare ! En plein soleil, quand ses petites capsules à parfum sont gonflées à bloc, elle peut irriter la peau au moindre frôlement. Méfiance donc !

Une plante utile ▸

Malgré son odeur repoussante, la rue faisait partie des « bonnes » plantes. On la plantait autrefois dans les jardins de plantes médicinales, car elle servait de remède contre certains poisons. Mais on devait l'utiliser avec précaution. Aujourd'hui, on s'en sert uniquement pour fabriquer des médicaments.

Le saviez-vous ?

Peur de la rue?

En Allemagne, on plantait la rue dans les jardins et près des maisons pour se protéger des mauvais esprits. Non que les esprits aient peur de la rue, mais à sentir une odeur aussi répugnante, ils pensaient que la place était déjà prise.

SNIF
MMMM

Les plantes qui collent et qui poissent

Ces plantes-là sont de vrais pots de glu : elles s’enduisent de colle ou d’huile poisseuse !
On dirait des rubans adhésifs végétaux, avec leurs feuilles à collant double face !

La nasco

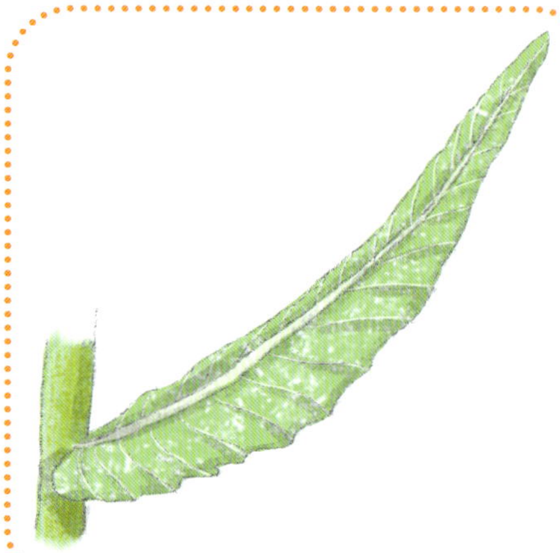

La nasco est une plante toute droite, aux feuilles vert tendre en forme de lances, serrées contre la tige. Ses fleurs ressemblent à de petits soleils et forment de belles grappes d'un jaune lumineux.
La nasco pousse en plein soleil au bord des routes et des chemins et, dès l'arrivée des chaudes journées d'été, il en émane comme une forte odeur de pharmacie. Toute la plante est poisseuse : les feuilles, la tige et les fleurs sont couvertes d'une huile qui colle à la peau.

On l'appelle aussi...

Inula viscosa, inule visqueuse, masque, herbe du diable, herbe aux mouches.

Pourquoi fait-elle ça ?

C'est pour se protéger des ardeurs du soleil que la nasco s'enduit de colle. Cet enduit poisseux, très désagréable au toucher, est en réalité un écran solaire qui la protège du dessèchement.

Attention les mouches !

La nasco, ou inule, est une mauvaise herbe très utile, qui a été surnommée « l'herbe aux mouches ». Elle protège les oliviers contre un redoutable parasite, la mouche de l'olive, dont les asticots dévorent les olives. Quand on arrache la nasco qui pousse dans les parcelles d'oliviers, il y a beaucoup plus d'olives qui pourrissent à cause des mouches. Alors on la laisse.

Le saviez-vous ?

Jacuzzi de fleurs

La nasco en fleurs dégage un parfum très agréable, qui fait penser à de l'encens. En Afrique du Nord, on utilise des fumigations d'inule dans les établissements de bains, pour imprégner l'atmosphère de ses vapeurs odorantes.

L'arbre à mastic

L'arbre à mastic pousse en Provence et en Corse. C'est un tout petit arbre aux feuilles vert sombre, qui ne tombent pas en hiver. Il porte des grappes de baies rouges, qui deviennent noires en mûrissant. Les feuilles de l'arbre à mastic sont couvertes d'un enduit poisseux qui les rend collantes. Se promener en short au milieu des buissons de lentisques est franchement désagréable. Surtout en été, quand leurs feuilles sont encore plus collantes. L'intérieur de l'arbre à mastic est aussi rempli de cette glu, qui s'écoule à la moindre petite entaille.

On l'appelle aussi...

Pistacia lentiscus, lentisque, mastic de Chios, baume de Jacob, arbre au mastic, restinclé.

Pourquoi fait-il ça ?

Le liquide poisseux qui recouvre les feuilles sert à deux choses. D'abord c'est une protection pour éviter d'être dévoré. Même les ânes n'en veulent pas, eux qui ne craignent pas les plantes épineuses. La résine de l'arbre à mastic sert aussi de protection contre la chaleur. Grâce à cette couche imperméable, les feuilles ne se dessèchent pas. La plante peut ainsi pousser sous des climats très chauds et secs.

Le lentisque au goût très frais !

La gomme de l'arbre à mastic a plutôt bon goût. Les enfants arabes font des petites entailles dans l'écorce des lentisques et recueillent cette résine pour en faire des sortes de chewing-gums. C'est très bon pour les dents et ça parfume l'haleine.

Le saviez-vous ?

Mastic pour les momies

Le baume de lentisque était utilisé au temps des pharaons. Mélangé à d'autres substances, comme la cire d'abeille et la résine de cèdre, on s'en servait pour embaumer les momies.

Le ciste à gomme

Arbustes des garrigues du Midi de la France et de Corse, les cistes sont de petites plantes très odorantes à feuilles visqueuses. Leurs grandes fleurs blanches, un peu soyeuses, n'ont pas d'odeur. Elles apparaissent au printemps mais ne s'épanouissent que le temps d'une journée.

On l'appelle aussi...

Cistus ladaniferus, ciste ladanifère, ladanier, lédon, massuyo.

Pourquoi fait-il ça ?

Comme la nasco, le ciste est recouvert d'un enduit poisseux pour se protéger des ardeurs du soleil.

Drôles de fouets

C'est sur cet arbuste, et plusieurs autres espèces du même genre, que l'on récolte en Orient une substance résineuse appelée *ladanum*. En Crète, les moines se servaient d'instruments en forme de râteau, avec des lanières de cuir en guise de dents, qu'ils passaient sur les cistes ; elles se chargeaient alors de la matière résineuse dont les feuilles sont enduites.

Le saviez-vous ?

Par la barbe des chèvres

Dans l'Antiquité, on retirait le *ladanum* de la barbe des chèvres qui allaient brouter l'herbe des montagnes au milieu des cistes.

PÊT

Les plantes qui pètent

Certaines plantes sont capables de produire des sons qui ressemblent à des pets ou des claquements. Qu'on se rassure, elles le font toujours avec une certaine discrétion !

Le glouglou

Le glouglou est un petit arbre du Sud de la France. Ses fleurs, proches de celles du genêt, sont jaunes striées de rouge. Elles se transforment ensuite en gousses renflées, de cinq centimètres de long. Quand il est mûr, le fruit du baguenaudier se remplit d'air : il gonfle et ses parois deviennent alors translucides. Lorsqu' on le presse entre les doigts, le fruit éclate en produisant un claquement.

On l'appelle aussi...

Colutea arborescens, baguenaudier, arbre à vessie, balandier, panpan, cloquette, tue-pou.

◂ Pourquoi fait-il ça ?

Si le fruit du glouglou se remplit d'air, ce n'est pas pour éclater comme un ballon trop gonflé. C'est pour mieux être emporté par le vent quand il se dessèche et se détache du rameau. Les graines du glouglou sont ainsi facilement disséminées.

Juste pour sa beauté ▸

Attention, les graines sont toxiques. L'infusion de feuilles ou de graines a été employée dans le passé pour ses propriétés laxatives, mais aujourd'hui le glouglou est juste une plante ornementale, que l'on apprécie non pour ses fleurs, qui sont bien trop discrètes, mais pour ses drôles de fruits remplis d'air.

Le saviez-vous ?

Baguenauder

Les enfants du Midi aiment s'amuser avec les fruits du glouglou. D'où le verbe baguenauder, qui signifie jouer à faire exploser les fruits du baguenaudier. Plus tard, baguenauder a pris le sens de s'amuser à des niaiseries peu sérieuses, et pour finir se promener sans but, vagabonder de-ci de-là au gré des chemins.

La vesse-de-loup

La vesse-de-loup est un champignon tout rond, recouvert de tous petits picots. L'intérieur est blanc et un peu spongieux. Quand le champignon vieillit, sa peau devient fragile et de couleur marron. L'intérieur se ramollit, puis se transforme en une poudre très fine. Dès que la vesse-de-loup est mûre, sa peau se fend et la poudre qui s'échappe ressemble à une fumée grise un peu lourde, comme un pet silencieux. Le mot vesse, en français, signifie un pet qui ne fait pas de bruit.

On l'appelle aussi...

Lycoperdon perlatum, lycoperdon perlé, pet de loup.

◂ Pourquoi fait-elle ça ?

La poudre grise qui s'échappe de la vesse-de-loup est formée de millions de spores minuscules. Ce sont les graines du champignon, si légères que le vent les emporte au loin.

Comestible au début ▸

La vesse-de-loup est un champignon comestible quand elle est jeune, bien blanche et dodue, et que sa chair est ferme. On la coupe et on la fait cuire à la poêle avec de l'huile d'olive, du sel et un peu d'ail. Un vrai délice.

Le saviez-vous ?

Record du monde

La vesse-de-loup est le plus gros champignon connu. Un spécimen de vingt-deux kilos, mesurant deux mètres soixante de circonférence, a été trouvé dans un jardin de Montréal, au Canada.

Le spartier

Le spartier n'a presque pas de feuilles, juste de longues tiges vertes, très souples, qui portent des fleurs jaune d'or au printemps. Celles-ci se transforment en fines gousses qui brunissent en mûrissant.
Au plus fort de l'été, la chaleur aidant, les deux moitiés de la gousse se tire-bouchonnent comme des ressorts, et éclatent en produisant un petit claquement sec.

On l'appelle aussi...

Spartium junceum, genêt d'Espagne, joncier, agnesto.

Pourquoi fait-il ça ?

Les gousses sèches éclatent pour projeter leurs graines au loin, comme de minuscules canons à semence. Elles peuvent les lancer jusqu'à trois mètres de distance, ce qui est un exploit pour un si petit canon ! Toutes les graines des genêts sont dangereuses et peuvent nous empoisonner.

Ficelle de genêt

Les longues tiges souples et résistantes du genêt peuvent servir à faire des fibres que l'on peut tresser, ou tisser. Dans les pays méditerranéens, on confectionnait des corbeilles, des cordes, de la toile et des filets pour la pêche avec les fibres du spartier, les Romains en faisaient des voiles pour leurs navires.

Le saviez-vous ?

Les chaussures vertes

Autrefois, les paysans nordiques fabriquaient des chaussures avec des rameaux de genêts écorcés.

POC

Les plantes qui crachent et qui pleurent

Des plantes qui crachent ou qui bavent, ça existe !
Est-ce par excentricité ou par nécessité ? Ou bien est-ce contraintes et forcées ?

La vigne en pleurs

« Taille tôt, taille tard, mais taille en mars », disent les vignerons. Ils savent que la vigne doit être taillée très court, chaque année, pour donner beaucoup de grappes de raisin. D'être taillée aussi ras, la vigne pleure : de tous les sarments coupés coulent en abondance des gouttes transparentes que l'on appelle les pleurs de la vigne.

On l'appelle aussi…

Vitis vitae, galipe, lambrisque ou lambruche (vigne sauvage).

Pourquoi fait-elle ça ?

Ce n'est pas de tristesse que la vigne pleure. C'est juste que toutes ses petites blessures, infligées par la taille, risquent de s'infecter. Aussi, elle les protège avec sa sève, qui en séchant lui fait comme un pansement protecteur.

Pleurer pour du raisin !

Les vignerons ne sont pas très sensibles au chagrin de cette pauvre plante. Au contraire, ils pensent que les pleurs de la vigne sont un très bon signe. Une vigne qui pleure bien, c'est une vigne qui va donner beaucoup de raisin.

Le saviez-vous ?

L'âne vigneron

On raconte que la première taille de la vigne a été effectuée par un âne qui en avait brouté à ras toutes les pousses. Comme la récolte de l'année suivante avait été bien meilleure, on s'est dit que la vigne gagnerait à être taillée…

Le cornichon d'âne

Le cornichon d'âne est une plante qui pousse au ras du sol. Ses feuilles sont hérissées de poils et ses fleurs sont jaunes en forme d'étoile à cinq branches.
Ses fruits, de petits cornichons ventrus, se cachent dans l'herbe, prêts à cracher sur tout ce qui passe. Qu'un âne s'approche en broutant, le museau à terre, et touche un cornichon, il recevra immédiatement une bonne giclée baveuse sur le museau.

On l'appelle aussi...

Ecballium elaterium, momordique, giclet, gôlante, concombre d'attrape, concombre d'âne.

◂ Pourquoi fait-il ça?

C'est pour faire voyager ses graines que le cornichon d'âne crache sur le museau des herbivores. En effet, le crachat qu'il envoie contient une bonne poignée de graines, dont l'animal se débarrassera plus loin, en se frottant contre les herbes. Ainsi de nouvelles plantes pourront germer ailleurs.

Une plante utile? ▸

À petite dose, le jus terriblement amer du concombre d'âne fait vomir. Et à haute dose, c'est un poison violent qui n'a rien à voir avec le vrai concombre ou le cornichon ! On en tire pourtant un médicament intéressant contre le diabète, à utiliser sous contrôle médical.

Le saviez-vous ?

Un cornichon dans le chapeau

Le Docteur Dickson, étudiant les vertus médicinales de cette plante cracheuse, a fait une expérience étrange. Il s'est pris lui-même comme cobaye, et a mis un cornichon d'âne dans son chapeau. Au bout d'une demi-heure, il a ressenti un horrible mal de tête. L'expérience s'est arrêtée là !

Les saules baveurs

Les saules sont de grands arbres aux feuilles allongées et aux branches souples, qui poussent au bord de l'eau, et dans les lieux humides. Ce sont en général des plantes très convenables. Pourtant, certaines années, ils se mettent à baver tellement que le sol est complètement trempé. En observant les branches, on peut voir comme de petits paquets de salive pleins de bulles, qui dégoulinent le long des branches, et mouillent la tête des passants. Les paysans appellent cela "crachat de coucou". En regardant sous les bulles, on découvre un insecte vert pâle, qui ressemble à une minuscule cigale : la cicadelle spumeuse.

On l'appelle aussi...

Cicadelle spumeuse, le crachat de coucou.

◂ Pourquoi font-ils ça?

Si les saules bavent, c'est à cause de la cicadelle. Cette petite bête s'installe sur leurs branches puis en aspire la sève par un tout petit trou. Et comme elle a la peau sensible, elle se couvre d'une bonne couche de bulles, comme un mini bain moussant, qu'elle fabrique avec la sève du saule.

Une plante utile ▸

Le saule est une plante utile : ses longues branches souples servent à faire des paniers. Quant à la cicadelle spumeuse, elle ne fait pas grand mal : le saule la supporte sans dommage.

Le saviez-vous ?

Coucous cracheurs

Le crachat de coucou apparaît sur les saules au moment où le coucou revient de sa migration, au printemps, et lance son « coucou, coucou ! ». Aussi, on a longtemps cru que c'était lui qui crachait sur les branches…

Les plantes qui se cramponnent

Il y a des plantes qui aiment s'accrocher. Elles se munissent de poils, de crochets ou de crampons pour mieux se fixer, le plus souvent sur une autre plante, mais parfois aussi sur les gens ou les animaux.

La grimpole branchue

On rencontre la grimpole branchue un peu partout, au jardin ou dans les talus. De ses feuilles, étalées au sol en étoile, partent une ou plusieurs tiges cannelées se terminant par une fleur semblable au pissenlit.
Le nom de la picride vient du grec pycros, qui veut dire "amer" ou "rude". Elle partage cette étymologie avec le picrate ou l'acide picrique.

On l'appelle aussi...

Picris hieracioides, la picride, l'épervière, malentourné, herbe à la crôpe.

◂ Pourquoi fait-elle ça ?

Si l'on observe la plante à la loupe, on découvre que la grimpole est entièrement garnie de poils blancs, équipés de minuscules crochets.
Les limaces, les chenilles et les petits insectes rampants ont fort à faire pour l'escalader. Quant à dévorer cette plante, c'est presque mission impossible !

Soupe d'épervière ▸

Lorsqu'elle est très jeune, l'épervière est encore assez tendre pour être consommée. On la mangeait surtout en soupes, pendant les famines, quand on n'avait rien d'autre à se mettre sous la dent. Dès qu'elle grandit et devient rugueuse, on ne peut plus la manger, même lorsque l'on a très faim !

Le saviez-vous ?

Défilé militaire !

Comme les feuilles et les fleurs de l'épervière sont velues, elles adhèrent facilement aux vêtements. Parfaites pour un déguisement improvisé, en épaulettes ou en blason sur une casquette, la picride, c'est du dernier chic !

La colle de Mardi gras

La colle de Mardi gras, ou gratteron, pousse partout où le sol est un peu sec, et où il ne fait pas trop chaud. C'est une plante molle, à la tige carrée revêtue de minuscules poils rugueux. Les fruits sont de petites boules vertes groupées par deux, qui collent autant que la tige et les feuilles. Impossible de se promener parmi les gratterons sans en emporter quelques échantillons.

On l'appelle aussi...

Galium aparine, gaillet gratteron, herbe collante, prend-main, traînasse, gleton, capille à teigneux, petit peignot, grafignon, pique-langue, queue de la mariée, guirlande.

◂ Pourquoi fait-elle ça ?

La colle de Mardi gras est bien trop molle pour rester debout toute seule… Alors elle s'agrippe aux autres plantes plus solides qu'elle, et devient même si envahissante qu'elle finit par les étouffer.

Du gaillet pour le fromage ▸

Un autre gaillet, le gaillet jaune, est utilisé pour faire cailler le lait, en lui donnant en même temps une légère teinte jaune et un parfum agréable. Il suffit de faire infuser une petite poignée de fleurs, dans le lait tiède, pour le faire prendre. Le *Chester*, fromage anglais, est traditionnellement fabriqué à partir de lait caillé avec du gaillet jaune.

Le saviez-vous ?

Café gratteron

Les petits fruits ronds du gratteron peuvent servir à faire une boisson proche du café. Récolter les fruits à la fin de l'été, quand ils commencent à brunir, et les faire griller sur une poêle, ou dans le four. Moudre les grains, infuser la poudre dix minutes dans l'eau bouillante, et filtrer. C'est presque comme du vrai café !

La garance voyageuse

La garance préfère les endroits secs et un peu ombragés. Ses fleurs très peu visibles de couleur vert clair donnent des baies qui noircissent à maturité. De consistance rugueuse et coriace, elle rampe en se faufilant dans les broussailles grâce aux minuscules aiguillons crochus qu'elle porte sur ses feuilles et sur sa tige à quatre angles.

On l'appelle aussi...

Rubia peregrina, garance sauvage, rebola, rapeguin, restellet, petite garance, rouge des teinturiers (plante cultivée).

◂ Pourquoi fait-elle ça ?

Les crochets de la garance, très aigus et inclinés vers l'arrière, lui permettent de s'accrocher aux plantes voisines, et de prendre un peu d'altitude. Sans ses aiguillons recourbés vers l'arrière, la garance ne serait qu'une rampante, traînant au ras du sol sa tige molle et flexible. C'est pour ne pas être recouverte par les herbes au milieu desquelles elle pousse que la garance pose sur elles ses petits grappins. La mollassonne se fait porter, et se sert des voisines pour avoir sa place au soleil.

Le rouge des teinturiers ▸

Depuis l'Antiquité, la garance des teinturiers, une espèce voisine de la garance voyageuse, est cultivée pour sa racine qui donne une teinture rouge très appréciée. C'était, par exemple, la couleur des pantalons des soldats français au début de la guerre de 1914-1918.

Le saviez-vous ?

L'histoire des os rouges

Il y a plus d'un siècle, on a découvert que la garance des teinturiers colorait les os en rouge. Lors d'un repas, on servit du rôti de porc aux convives qui s'étonnèrent de trouver des os rouges dans leur assiette. Il s'agissait de cochons qui avaient brouté de la garance.

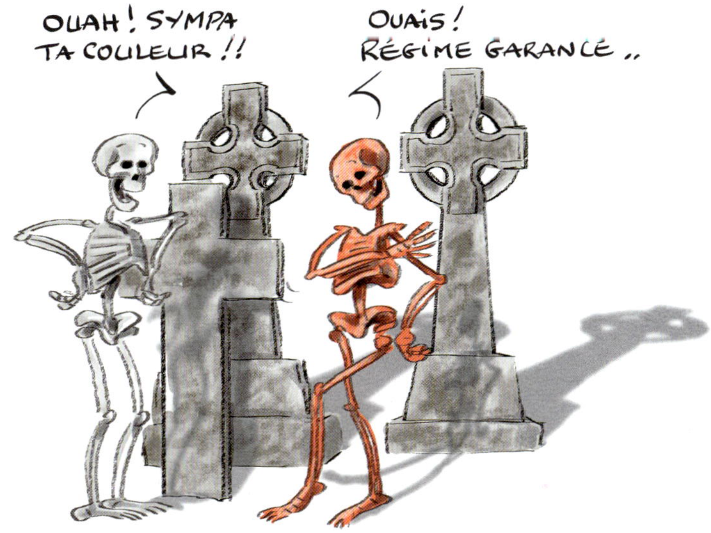

Les plantes qui piquent et qui brûlent

Piquer ou brûler : voilà un bon moyen d'éloigner les passants qui seraient tentés de cueillir ou de manger ces plantes ! Elles laissent de cuisants souvenirs aux animaux trop gourmands ou aux enfants insouciants qui ne s'y sont pas déjà frottés !

L'ortie

L'ortie est une grande plante à la tige raide, qui pousse en troupes denses sur les terrains riches et fertiles. Ses feuilles dentelées sont bordées d'une multitude de piquants, qui sont des sortes de minuscules seringues remplies d'un liquide toxique. Lorsqu'on touche l'ortie, la pointe des seringues se casse. Le liquide toxique est alors injecté dans la peau et ça fait très mal !

On l'appelle aussi...

Urtica dioica, brûlant, étruge, astrigol, chocotte, darse.

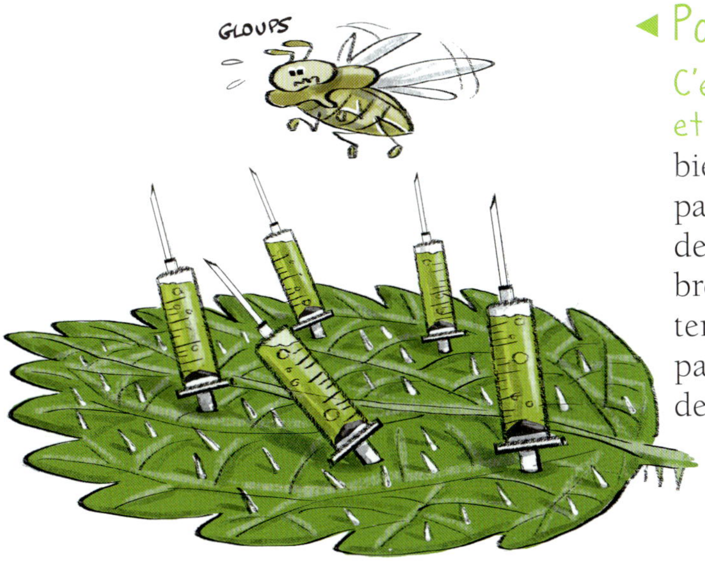

◂ Pourquoi fait-elle ça ?

C'est pour se défendre, pardi, que l'ortie pique et brûle ceux qui la touchent. Les animaux bien protégés par leur pelage ne la craignent pas trop, mais ils n'osent pas la brouter de peur de se faire piquer le museau. Les ânes et les brebis en grignotent quand même de temps en temps. La plupart des insectes ne semblent pas sensibles à ses piqûres, et se nourrissent de ses feuilles.

Bonne à tout faire ▸

Malgré son abord rébarbatif, l'ortie est une plante utile qui sert à des dizaines d'usages. Au printemps, les jeunes pousses permettent de préparer une soupe délicieuse et revitalisante. Les fibres de sa tige donnent un tissu très doux, appelé ramie. Les feuilles, mises à fermenter avec de l'eau, servent à faire le purin d'ortie, un excellent engrais pour les plantes du jardin.

Le saviez-vous ?

Orties à papillons

Beaucoup d'insectes s'installent sur les feuilles d'ortie, peut-être pour échapper à leurs prédateurs. Les chenilles d'un joli papillon d'été, la petite tortue, apprécient particulièrement les feuilles d'ortie. On les y trouve parfois en troupe nombreuse, à l'appétit féroce. Après leur passage, il ne reste plus de l'ortie que la tige et les nervures des feuilles.

L'herbe aux vipères

La vipérine fréquente les friches et les jardins en terrain sec. Toute la plante est recouverte de poils hérissés urticants peu engageants. Sur chaque tige, les fleurs s'épanouissent du même côté, les unes au-dessus des autres. De couleur rose au départ, elles virent progressivement au bleu violacé.

On l'appelle aussi...

Echium vulgare, vipérine, dragon, langue d'oie, barbe bleue, gendarme, herbe à feu.

Pourquoi fait-elle ça ?

La vipérine ne pique pas vraiment : elle se protège grâce à ses poils recourbés qui se plantent légèrement dans la peau.

Des histoires de vipères

On croyait autrefois que cette plante soignait les morsures de vipères. Attention ! La vipérine peut parfois provoquer des irritations sur des personnes à peau sensible. Mais elle a aussi de grandes qualités. Abeilles, bourdons et papillons apprécient le nectar de ses jolies fleurs bleues, c'est donc une plante très utile au jardin.

Le saviez-vous ?

L'origine de son nom

Le nom donné à la vipérine viendrait du fait que son fruit rappelle la tête d'une vipère. C'est à la loupe que l'on peut se rendre compte de cette ressemblance. La fleur elle-même, avec ses longues étamines rouges, fait penser à une tête de vipère à la langue fourchue.

L'herbe aux gueux

L'herbe aux gueux est une liane dont les longues tiges rappellent les cordages de navires : elles s'élancent dans les arbres et se suspendent jusqu'à une dizaine de mètres du sol. La fleur ressemble à une étoile blanche à quatre branches. Son fruit est surmonté de longues queues plumeuses de poils blancs et soyeux. Lorsqu'elle est encore verte, c'est une plante dangereuse qui irrite la peau et peut causer des allergies. Mais une fois séchée, plus de problèmes !

On l'appelle aussi...

Clematis vitalba, clématite, cranquilier, bois de pipe, vouaille, corde à lessive, sain bois, cheveux de la bonne dame, barbe de chèvre.

Pourquoi fait-elle ça ?

L'herbe aux gueux est une liane, c'est-à-dire une plante qui peut devenir aussi grande qu'un arbre, mais dont le tronc est si mince et flexible qu'elle ne peut pas tenir debout toute seule. Alors elle grimpe sur les autres arbres et s'en sert comme support pour se tenir droite !

Les cigarettes de Tarzan

La clématite n'a pas la force des lianes tropicales, mais il suffit de tirer dessus pour constater qu'elle est tout de même solide. Elle peut servir de cordage, de lien pour attacher les fagots. Dans les campagnes, les enfants s'en servaient comme cigarettes en fumant en cachette ses tiges séchées.

Le saviez-vous ?

Pourquoi l'herbe aux gueux ?

Autrefois, les mendiants se frottaient les bras et les jambes avec des feuilles de clématite, ce qui provoquait aussitôt des plaies répugnantes. En sortant de l'église, les paroissiens étaient alors pris de pitié pour ces mendiants et leur donnaient de quoi subsister.

Les plantes qui griffent

Épines, aiguillons, crochets et piquants sont des armes très efficaces. Elles peuvent aussi servir à escalader les broussailles, ou même retenir les gouttes de rosée pour se procurer l'humidité nécessaire à la survie dans les milieux désertiques.

Le figuier de Barbarie

Les feuilles du figuier de Barbarie ressemblent à des raquettes de tennis sans manche. Aussi, la plante fait-elle penser à un amas de raquettes posées les unes sur les autres. Mais impossible de jouer au tennis avec, car elles sont tapissées d'aiguillons. Ceux-ci sont de deux sortes : les uns longs de quelques centimètres, bien visibles, les autres, beaucoup plus courts et recourbés, terriblement difficiles à extirper de la chair.

On l'appelle aussi...

Opuntia ficus-indica, figuier des Indes, oponce raquettes, nopal, cardasse, semelle du pape.

Pourquoi fait-il ça ?

Les aiguillons qui recouvrent la plante empêchent les différents prédateurs de croquer les feuilles très charnues, et les figues, gavées de pulpe sucrée. Les raquettes sont en réalité les tiges du figuier de Barbarie qui contiennent beaucoup d'eau et de réserves nutritives pour lui permettre de résister à la sécheresse. Quant aux feuilles, elles se sont transformées en aiguilles, et protègent les réserves contre la voracité des animaux.

Attention, dégustation périlleuse !

À la floraison, le sommet de chaque feuille, ou cladode, se couvre de plusieurs grosses fleurs jaunes qui deviendront des fruits rouges de la grosseur d'un citron. Eux aussi sont parsemés de petits aiguillons. Prudence donc avant de s'en délecter.

Le saviez-vous ?

Le Dieu médecin

Selon la légende, le roi Charles V d'Espagne fut guéri en quelques semaines d'une grave maladie en utilisant le suc de figuier de Barbarie sur des ulcères. Il a appelé cette plante « le Dieu médecin ».

La salsepareille

La salsepareille est une plante grimpante des régions méditerranéennes. Ses feuilles coriaces ont la forme d'un cœur étiré. Dès la fin de l'été, elle fleurit en grappes de fleurs blanches qui se transforment peu après en des baies brun-rouge et toxiques.
C'est une plante râpeuse qui griffe les bras et les jambes au moyen d'une multitude de petits crochets recourbés, qui hérissent à la fois ses tiges et ses feuilles.

On l'appelle aussi...

Smilax aspera, racine de lapin, liset, piquant, gramon de montagne.

Pourquoi fait-elle ça ?

Cette plante est parfaitement équipée pour la randonnée sur terrain sec, dans les garrigues et le maquis. Elle grimpe sur les buissons grâce à ses vrilles tire-bouchonnées, et s'agrippe de toutes ses griffes sur les plantes plus hautes qu'elle, comme un ours qui grimpe aux arbres.

Un remède contre l'eczéma

Ses racines peuvent être prescrites en cas de rhumatisme, et contre certaines maladies de peau comme l'eczéma.

Le saviez-vous ?

Ça chassepareille!

Il existe au Canada une salsepareille qui donne de l'énergie et tient éveillé. S'agirait-il de la plante que les Schtroumpfs consomment et recherchent tout particulièrement ? Chez nos cousins du Québec, elle s'appelle chassepareille.

La chardonette

Facilement reconnaissable avec son habit de feutrine blanche, le chardon aux ânes fleurit l'été. Chez lui, tout inspire la méfiance : sa longue tige équipée de huit membranes ailées bordées d'épines, ses feuilles tout aussi menaçantes, et même ses grosses fleurs pourpres, directement posées sur une couronne de pointes épineuses.

On l'appelle aussi...

Onopordon acanthium, chardon aux ânes, pet d'âne, artichaut sauvage, barbe rouge.

◂ Pourquoi fait-elle ça ?

Les chardons poussent souvent à proximité d'autres plantes griffues, comme l'églantier ou la ronce, et protègent alors de leurs épines les jeunes arbres sans défense qui poussent parmi eux. Par la même occasion, ils évitent eux-mêmes de se faire trop facilement manger.

Des fleurs très appréciées ▸

Les fleurs du chardon aux ânes sont riches en nectar et reçoivent la visite d'un grand nombre d'abeilles et de papillons.
Le chardon est une plante de la famille de l'artichaut. Cuites à l'eau bouillante une dizaine de minutes, débarrassées de leurs écailles, ses fleurs peuvent être consommées comme de minuscules artichauts, tout juste grands comme l'ongle d'un pouce d'adulte.

Le saviez-vous ?

Les ânes péteurs

Même en mangeant de l'avoine, l'âne rêve de chardons. Il en est si friand qu'il ne craint pas de se frotter à ses méchants aiguillons. L'historien et naturaliste romain Pline pensait que cela n'allait pas sans inconvénients, car selon lui la consommation excessive de ces chardons faisait péter les ânes à grand bruit.

Les plantes qui blessent

Certaines plantes épineuses sont particulièrement hargneuses. Ce sont de véritables forteresses végétales armées d'épées ou de poignards acérés.

L'agave

Avec ses longues feuilles bleu-vert, bordées de dents de scie et se terminant en pointe acérée, l'agave est doté de redoutables moyens de défense. Quiconque tenterait l'assaut de ce colosse végétal se blesserait immanquablement. C'est une plante frileuse qui ne supporte pas le gel et préfère les jardins exotiques de la Côte d'Azur.

On l'appelle aussi...

Agave americana, aloès américain, pita du mexique.

◂ Pourquoi fait-il ça ?

Les feuilles épaisses et charnues de l'agave sont remplies de sève rafraîchissante, ce qui attire de nombreux animaux et même les hommes qui en tirent une boisson fermentée. C'est donc pour se protéger de leur convoitise que l'agave « sort ses armes ».

Plante à tout faire ▸

La fibre des feuilles d'agave, appelée *tampico* ou *sisal*, sert à toutes sortes d'usages : brosses, cordes, tissus ou tapis.

Le saviez-vous ?

La déesse aux quatre cents mamelles

Au Mexique, la déesse de l'agave s'appellait Mayahuel ; c'était une mère attentionnée de quatre cents enfants dotée d'autant de mamelles pour les nourrir !

Le févier à trois épines

Ce grand arbre élancé porte de longues gousses pendantes qui contiennent des graines ressemblant à des fèves. La spécialité du févier, ce sont ses longues épines triples, très pointues, capables de provoquer de cruelles blessures. Les jeunes arbres sont les plus agressifs : l'épine centrale, pouvant mesurer jusqu'à cinq centimètres de long, est encadrée de deux épines plus courtes mais tout aussi redoutables.

On l'appelle aussi...

Gleditsia triacanthos, arbre aux escargots, févier d'Amérique, épine du Christ.

◂ Pourquoi fait-il ça ?

Les épines servent à défendre le tronc du févier d'Amérique. Dirigées vers le bas, elles sont là pour empêcher les chevreuils ou les cerfs de lui arracher l'écorce en se frottant le front contre son tronc.

Nourriture pour chevaux ▸

Les longues gousses du févier ne sont pas comestibles, mais sont très nourrissantes pour les animaux. Les paysans américains les cueillaient quand elles étaient encore vertes et tendres, pour les donner aux vaches et aux chevaux.

Le saviez-vous ?

Des clous pour le canoë

Les longues épines de cet arbre servaient de clous aux Indiens pour assembler leurs canoës, en particulier pour maintenir les pièces de bois contre lesquelles était tendue l'écorce.

L'aronce

Des tiges épineuses qui jaillissent en tous sens pour vous agripper et déchirer un morceau de peau au passage ! C'est la ronce, appelée encore aronce dans certaines régions. Aux beaux jours, de petites fleurs blanches apparaissent sur chaque branche et dès la fin de l'été, de délicieuses mûres juteuses les auront remplacées.

On l'appelle aussi...

Rubus fructicosus, ronce, catimuron, renverse panier, roumiass.

◄ Pourquoi fait-elle ça ?

Toutes griffes dehors, les ronciers envahissent les terres en friche, où ils préparent l'arrivée des arbres. Les tiges garnies d'épines forment un treillis impénétrable qui protège les arbrisseaux de la dent des herbivores.

Paniers de confitures ►

Les fruits de l'aronce font des confitures délicieuses. Mais attention à ne pas cueillir les mûres qui poussent trop près du sol car elles peuvent être souillées par les déjections de renard.
Ses longues tiges, débarrassées de leurs crochets, servent encore dans les campagnes à lier les fagots ou à tresser des paniers.

Le saviez-vous ?

Pour deux euros de ronce

La pièce de deux euros finlandaise représente le fruit et les feuilles d'une ronce typique, la plaquebière, qui signifie « nourriture des castors », et se dit *lakkahillo* en finnois.

Les autres plantes

Les vingt-sept plantes présentées dans ce livre ne sont pas les seules à avoir de drôles de manières.

À toi d'en trouver d'autres, de faire tes propres découvertes.
Les endroits les plus riches en plantes insolites sont les terrains en friche, les lisières des bois, les bords des chemins.
On en trouve aussi dans les jardins, autour des maisons.

Pour t'aider dans tes recherches, en voici quelques-unes qui ne manqueront pas de te surprendre. Mais ce ne sont pas les seules.

Leur odeur ne passe pas inaperçue ▼

Les fruits du ginkgo sentent le beurre rance.
Les fleurs de lupin sentent le poivre.
La balotte fétide a une odeur âcre de pourriture (vieux grenier).

Le ginkgo

Le lupin

La balotte

L'argousier

◂ Elles piquent ceux qui s'approchent

L'argousier et l'aubépine sont munis de piquants acérés.
Les feuilles du houx et du Chêne kermes sont bordées de dents pointues.

La bourrache

Elles crépitent et claquent ▸

Les gousses de la glycine et les capsules du buis claquent en s'ouvrant.
Les fruits de la bourrache crépitent doucement.

La sauge

◂ Elles collent et s'accrochent

Les feuilles de la sauge glutineuse sont poisseuses.
Les fruits du gui contiennent une substance visqueuse qui sert à faire de la colle.

Elles brûlent la peau ▸

Les feuilles et les tiges du panais sauvage sont très irritantes pour la peau.
Les feuilles de figuier occasionnent des rougeurs douloureuses.

Le panais

Reproduit et achevé d'imprimer en avril 2011 - 5ème tirage - par Papergraf
pour le compte de Gulf Stream Éditeur
Impasse du Forgeron - CP 910 - 44806 Saint-Herblain cedex
www.gulfstream.fr

Dépôt légal - 1re édition : mai 2008